사회 계열
공학 계열

기자
컴퓨터 프로그래머

적성과 진로를 짚어 주는
직업 교과서 33

기자&컴퓨터 프로그래머

1판 1쇄 발행 | 2013. 8. 16.
1판 6쇄 발행 | 2020. 10. 12.

와이즈멘토 글 | 배슬기 그림

발행처 김영사 | **발행인** 고세규
등록번호 제 406-2003-036호 | **등록일자** 1979. 5. 17.
주소 경기도 파주시 문발로 197(우10881)
전화 마케팅부 031-955-3100 | 편집부 031-955-3113~20 | **팩스** 031-955-3111

ⓒ 와이즈멘토, 2013

값은 표지에 있습니다.
ISBN 978-89-349-6004-1 74080
ISBN 978-89-349-5971-7 (세트)

좋은 독자가 좋은 책을 만듭니다. 김영사는 독자 여러분의 의견에 항상 귀 기울이고 있습니다.
전자우편 book@gimmyoung.com | 홈페이지 www.gimmyoungjr.com

어린이제품 안전특별법에 의한 표시사항

제품명 도서 제조년월일 2020년 10월 12일 제조사명 김영사 주소 10881 경기도 파주시 문발로 197
전화번호 031-955-3100 제조국명 대한민국 ⚠주의 책 모서리에 찍히거나 책장에 베이지 않게 조심하세요.

적성과 진로를 짚어 주는
직업 교과서 33

사회 계열
공학 계열

기자
컴퓨터 프로그래머

와이즈멘토 글 | 배슬기 그림

주니어김영사

- 머리말_진로성숙도를 높여라!…10
- 진로 교육의 목표 & 이 책의 구성과 활용법…12

기자

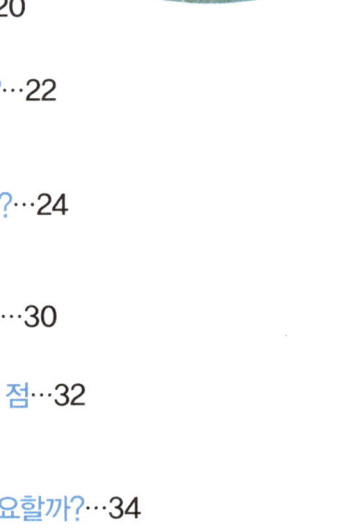

Step 1	기자 이야기…18
Step 2	역사 속 직업 이야기…20
Step 3	기자는 어떤 사람일까?…22 ★돌발퀴즈…23
Step 4	기자는 무슨 일을 할까?…24 ★돌발퀴즈…28 ★기자의 분류…29 직업 일기_기자의 하루…30
Step 5	기자의 좋은 점 vs 힘든 점…32 ★돌발퀴즈…33
Step 6	기자는 어떤 능력이 필요할까?…34 ★돌발퀴즈…35
Step 7	기자가 되기 위한 과정은?…36 ★돌발퀴즈…37 직업 사전, 적합도 평가…38
Step 8	교사와 학부모를 위한 가이드 적성&진로 지도…40 직업 체험 활동…42

컴퓨터 프로그래머

Step 1 컴퓨터 프로그래머 이야기…46

Step 2 역사 속 직업 이야기…48

Step 3 컴퓨터 프로그래머는 어떤 사람일까?…50
　★돌발퀴즈…51

Step 4 컴퓨터 프로그래머는 무슨 일을 할까?…52
　★돌발퀴즈…55
　★컴퓨터 프로그래머의 종류…56
　★프로그래머로 시작해 벤처 기업의 대표가 된 김택진…57

　직업 일기_컴퓨터 프로그래머의 하루…58

Step 5 컴퓨터 프로그래머의 좋은 점 vs 힘든 점…60
　★돌발퀴즈…61

Step 6 컴퓨터 프로그래머는 어떤 능력이 필요할까?…62
　★돌발퀴즈…63

Step 7 컴퓨터 프로그래머가 되기 위한 과정은?…64
　★돌발퀴즈…65
　직업 사전, 적합도 평가…66

Step 8 교사와 학부모를 위한 가이드
　적성&진로 지도…68
　직업 체험 활동…70

　·돌발퀴즈 정답…72

머리말

진로성숙도를 높여라!

진로 교육에서 가장 중요한 개념 중 하나가 '진로성숙도'입니다. 자신의 적성을 찾고, 그 적성이 잘 드러나는 직업 분야에 도달하는 과정을 설계하기 위해 필요한 요소들을 잘 알고 있는 정도를 '진로성숙도'라고 합니다.

예를 들어 볼까요?

초등학생인 A학생에게 꿈을 물어봤더니 '과학자'라고 답을 합니다. 중학생이 된 A학생에게 다시 꿈을 물었더니 이번에도 '과학자'라고 합니다. 고등학교로 진학한 A학생에게 꿈이 뭐냐고 물으니 여전히 '과학자'라고 답을 합니다. 이런 A학생은 일관된 꿈을 가지고 있다고 말은 하지만 사실은 진로성숙도가 높아지지 않는 상태입니다.

그렇다면 어떤 것이 진로성숙도가 높은 것일까요?

B학생에게 물어봤습니다. 초등학교 때 '과학자'라고 답을 합니다. 중학교 때는 '과학자가 되고 싶은데 핵물리학자'가 꿈이라고 이야기를 합니다. 고등학교 때는 '핵물리학자가 되어서 미국 NASA와 같은 곳에서 연구를 하고 싶다'라고 말을 합니다. 이렇게 점점 시간이 지날수록 꿈을 구체화하는 능력이 바로 진로성숙도입니다.

　많은 대학생이 명문 대학을 다니면서도 뭘 해야 될지 모르겠다고 합니다. 이렇게 방황하는 이유는 대부분의 학생들이 학습 능력은 키워 왔지만 진로성숙도는 키워 오지 않았기 때문입니다. 학부모나 교사들이 공부만을 강조했던 것이 아이의 행복에 오히려 독이 된 셈이지요.

　진로성숙도를 높이려면 다양한 직업에 대해서 알아보고, 각 직업에 대하여 나이에 맞게 조금 더 깊이 탐색해 보는 활동이 필요합니다. 그 활동을 가장 적합하게 도와주는 것이 바로 〈적성과 진로를 짚어 주는 직업 교과서〉 시리즈입니다. 이 시리즈가 우리 아이들이 보다 넓고 깊은 지식을 얻어 행복을 설계하는 능력을 갖추는 데 도움이 되기를 바랍니다.

와이즈멘토 대표이사

조진표

진로 교육의 **목표** & 이 책의 **구성과 활용법**

　교육 과정에서 진로 교육의 목표는 '긍정적인 자아 개념을 형성하고 진로 탐색과 계획 및 준비를 위한 기초 소양을 기르는 단계'입니다. 즉, 현명한 진로 선택을 위해 자신감을 가지고 다양한 직업을 알아보며 꿈을 키워 가는 시기라는 말이지요. 무한한 가능성이 있는 시기이므로 많은 직업을 탐색하면서 좀 더 구체적으로 '나의 꿈, 나의 목표 직업'이 무엇인지 생각해 보는 것이 중요합니다.

　교육부에서는 관심 있는 직업을 열 가지 이상 고르고 다양한 방법으로 정보를 수집해서 하는 일, 되는 방법 등 구체적인 정보가 담긴 직업 사전을 만들어 볼 것을 권장하고 있습니다.

　더불어 꿈을 실현하기 위해 도움이 되는 과목이 무엇인지 알아보고, 체계적인 학습 계획을 세우고 공부 습관을 길러 나가는 것도 중요합니다.

　초등~중학교에서 성취해야 할 진로 교육의 목표는 다음과 같습니다.

(교육부)

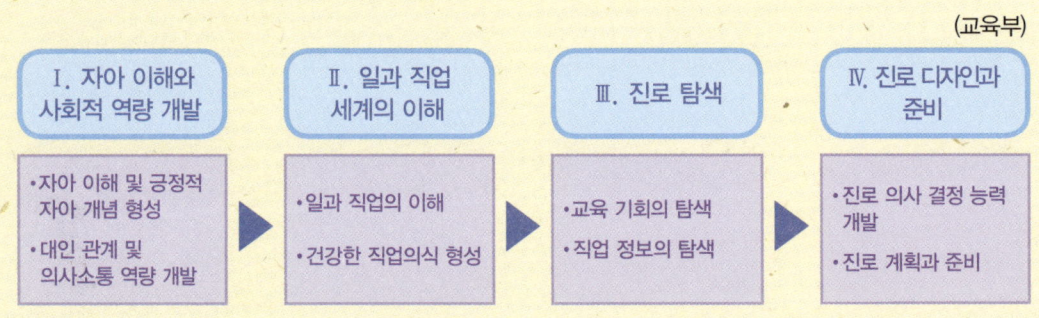

〈적성과 진로를 짚어 주는 직업 교과서〉는 진로 교육 목표에 맞춰, 초등학교와 중학교 과정에서 알아야 할 직업 정보를 직업 소개와 활동을 통해 자기 주도적으로 탐색할 수 있도록 구성했습니다.

❶ 진로 정보 탐색을 위한 본문 구성

Step 1·2 이야기	직업에 대한 호기심을 가질 수 있도록 한다.
Step 3 어떤 사람일까?	직업의 정의에 대해 알 수 있다.
Step 4 무슨 일을 할까?	직업이 갖는 다양한 역할에 대해 알 수 있다.
Step 5 좋은 점 vs 힘든 점	직업의 좋은 점과 힘든 점에 대해 알 수 있다.
Step 6 어떤 능력이 필요할까?	직업을 갖기 위해 필요한 능력들에 대해 알 수 있다.
Step 7 되기 위한 과정은?	중·고등학교, 대학교 과정 등 최종 목표 직업에 도달하기 위한 경로를 알 수 있다.

❷ 진로 디자인과 준비를 위한 본문 구성

Step 7 직업 사전	도서를 통해 탐색한 진로 정보를 바탕으로, 직업 사전을 구성할 수 있다.
Step 7 적합도 평가	직업에 대한 이해를 바탕으로 나에게 적합한 직업인지를 평가해서, 의사 결정을 내릴 수 있다.

❸ 학부모와 교사를 위한 본문 구성

Step 8 교사와 학부모를 위한 가이드 적성&진로 지도	해당 직업을 갖기 위해 도움이 되는 관련 교과목, 교과 외 활동을 소개하여 학습과 활동 설계에 도움을 받을 수 있다.
Step 8 직업 체험 활동	직업 체험 활동에 대한 정보를 얻을 수 있다.

〈적성과 진로를 짚어 주는 직업 교과서〉에는 다양한 활동이 들어 있습니다. 다음과 같이 활용해 보세요.

★직업 사전
이 직업이 나와 잘 맞는지 판단하기 위해서는 먼저 직업에 대해 충분히 이해하는 것이 중요합니다. 열심히 책을 읽고 난 후, 직업 사전의 빈칸을 채워 보면서, 자신이 직업에 대해 잘 이해했는지 점검해 보세요.

★직업 적합도 평가
직업에 대해 이해했다면 그 직업이 자신과 잘 맞는지 아닌지를 판단해야 합니다. 나와 직업이 얼마나 잘 맞는지 점검해 볼 수 있는 적합도 평가가 있습니다. 직업 사전의 항목을 꼼꼼하게 읽어 본 뒤에 자신과 잘 맞는지 아닌지 정도에 따라 별을 색칠해 보세요. 별의 개수로 점수를 매기고, 평가 기준표를 통해 자신과 직업의 적합도를 확인해 보세요.

★Tip
Tip은 본문의 내용을 잘 이해할 수 있도록 도와주는 역할을 합니다. 이해하기 어려운 단어를 쉽게 설명해 주기도 하고, 직업을 이해하는 데 같이 알아 두면 좋은 정보들이 들어 있습니다. Tip의 내용은 공부할 때 도움이 되는 배경지식이므로 그냥 넘어가지 말고, 꼼꼼하게 읽어 보세요.

★돌발퀴즈
책을 그냥 쭉 읽고, 나중에 직업 사전의 빈칸을 채우려면 어렵겠죠? 그래서 본문 중간중간에 중요한 내용들을 확인해 주는 돌발퀴즈가 있습니다. 처음에는 문제만 보고 답을 한번 맞혀 보세요. 잘 모르겠으면 다시 본문으로 돌아가 내용을 차근차근 읽어 보세요. 돌발퀴즈의 정답은 책의 맨 뒷장에 있습니다.

★교사와 학부모를 위한 적성 & 진로 가이드

교사와 학부모가 진로 지도를 할 때, 꼭 알아 두어야 하는 내용입니다. 아이들이 직업에 관심을 보일 때 어떻게 직업을 이해하도록 해야 하는지, 직업에 대해 아이들이 제대로 이해하고, 준비하기 위해서는 어떤 활동을 해야 하는지가 상세히 설명되어 있습니다.

더불어 학습 설계의 중점 과목을 통해 앞으로 어떤 과목을 중점적으로 공부해야 할지 확인하고, 학교에서 어떤 활동을 하도록 지도하면 좋은지 확인해 보세요. 아이와 함께하는 직업 체험 활동에서는 주말이나 방학을 이용해 할 수 있는 직업 체험 활동들을 자세히 소개하고 있습니다. 꼭 활용해 보세요.

자, 지금까지 진로 교육의 목표를 확인하고 책이 어떻게 구성되어 있고 어떻게 활용하는지 살펴보면서 직업 탐색을 위한 준비를 마쳤습니다. 그럼 본격적으로 직업 탐색을 위한 여행을 떠나 볼까요?

사회 계열

기자

기자 이야기

우리는 매일 방송, 신문, 잡지 등을 통해 여러 가지 새로운 소식을 듣습니다. 대통령이 다른 나라에 방문했다는 소식, 어떤 지역에서 큰 화재가 났다는 소식, 어느 할머니가 평생 모은 돈을 해외 오지의 어린이들에게 기부했다는 소식 등 직접 겪거나 보지 않아도 많은 소식을 알게 됩니다. 방송국, 잡지사, 신문사 등에 속한 기자들이 매일매일 사회 곳곳의 많은 일을 알아내 기사로 전해 주는 덕분입니다. 하루도 빠짐없이 새로운 소식을 전달해 주는 직업, 기자의 세계로 떠나 볼까요?

정치인을 취재하는 기자들

우리나라 사건을 취재하는 CNN 기자들

취재하기 위해 모인 국내외 기자들

Step 2
역사 속 직업 이야기

옛날에는 정치, 경제, 문화 등의 새로운 소식을 들으려면 종이 신문을 봐야만 했습니다. 그러다 집집마다 라디오와 텔레비전을 갖춘 뒤로는 뉴스 방송을 통해 소식을 보고 듣게 되었지요. 인터넷 기술이 발달하면서부터는 많은 사람이 인터넷 신문과 방송을 통해 더 많은 소식을 빠르게 접하게 되었습니다. 더욱이 최근에는 스마트폰이 널리 사용되면서 마음만 먹으면 언제 어디에서나 새 소식을 접할 수 있어요.

하지만 아직까지도 라디오나 텔레비전 방송만큼 많은 사람에게 영향을 주는 매체는 없습니다. 젊은이는 물론 노인도 쉽게 접근할 수 있는 전자 매체이기 때문이지요. 따라서 여러 매체의 기자 가운데 방송 기자의 영향력이 가장 클 수밖에 없습니다.

우리나라 최초의 방송국은 1927년에 개국한 '경성방송국'입니다. 이 방송국은 일제 강점기에 일본이 정신적, 문화적으로 우리나라를 좀 더 효과적으로 통치하기 위해 세워졌지요. 우리말과 일본어를 섞어서 방송했고, 우리말 내용은 조선총독부에서 철저히 검열한 뒤에야 방송되었습니다. 따라서 이 당시의 방송국 기자들은 국민에게 사실을 알리기보다는 일본의 식민 정책에 한국인이 순순히 응하도록 하는 역할밖에 할 수 없었습니다.

광복 이후에야 비로소 제대로 된 우리말 방송이 시작되었습니다. 언론의 자유를 얻자 여러 방송 매체가 생겨났고, 자연스럽게 더 많은 방송 기자가 필요해졌습니다. 또한 방송 기술이 발달하고 체계를 갖추면서 기자도 취재 기자, 편집 기자, 촬영 기자 등 여러 분야로 나뉘어 전문적으로 양성되었지요. 이러한 분위기를 반영해 1958년 중앙대학교는 국내 최초로 신문방송학과를 만들었습니다.

언론의 자유가 확보되고 한편으로는 인쇄 기술이 발전하면서 신문이나 잡지의 양과 질이 급격히 성장했습니다. 교육, 정치, 경제, 문화, 종교 등 각 분야를 전문적으로 다루는 신문과 잡지도 많아졌어요. 1980년대 후반부터 통신 기술이 가파르게 성장한 덕분에 다양한 인터넷 매체까지 등장하면서 이제 신문과 잡지의 수는 헤아리기 어려울 정도가 되었습니다. 자연히 기자들의 수가 늘어나고, 각 분야를 전문적으로 다루는 기자들이 등장했습니다.

우리가 매일같이 접하는 무수히 많은 정보와 소식이 바로 이 기자들을 통해서 나오는 것입니다.

기자는 어떤 사람일까?

Step 3

일반인의 눈과 귀 역할을 하는 전달자

기자는 우리 사회 곳곳에서 일어나는 여러 가지 일을 객관적 정보를 토대로 일반인에게 알려 주는 전달자입니다. 많은 사건과 사고, 새로운 정보를 찾아 다니며 우리의 눈과 귀가 되어 주는 것입니다. 기자가 다루는 분야는 정치, 경제, 문화, 스포츠, 교육 등 매우 다양합니다. 각 분야의 기자들이 방송, 신문, 잡지 등을 통해 새로운 소식을 빠르게 전달해 주는 덕분에 직접 보거나 겪지 않아도 우리가 살고 있는 사회가 어떻게 돌아가는지 이해할 수 있습니다.

공정한 역사의 기록자

기자는 기사를 통해 역사를 기록하는 사람입니다. 현재를 후세에 남기는 역할을 하기 때문에 기자들은 역사를 기록한다는 사명감으로 일하지요. 이때 기자에게 필요한 자세는 공정성입니다. 모든 사건을 객관적이고 공정한 시각으로 바라보며 기사로 옮겨야 하지요.

만약 기자가 공정성을 잃고 어느 한 쪽의 처지만 반영해 기사를 작성한다면,

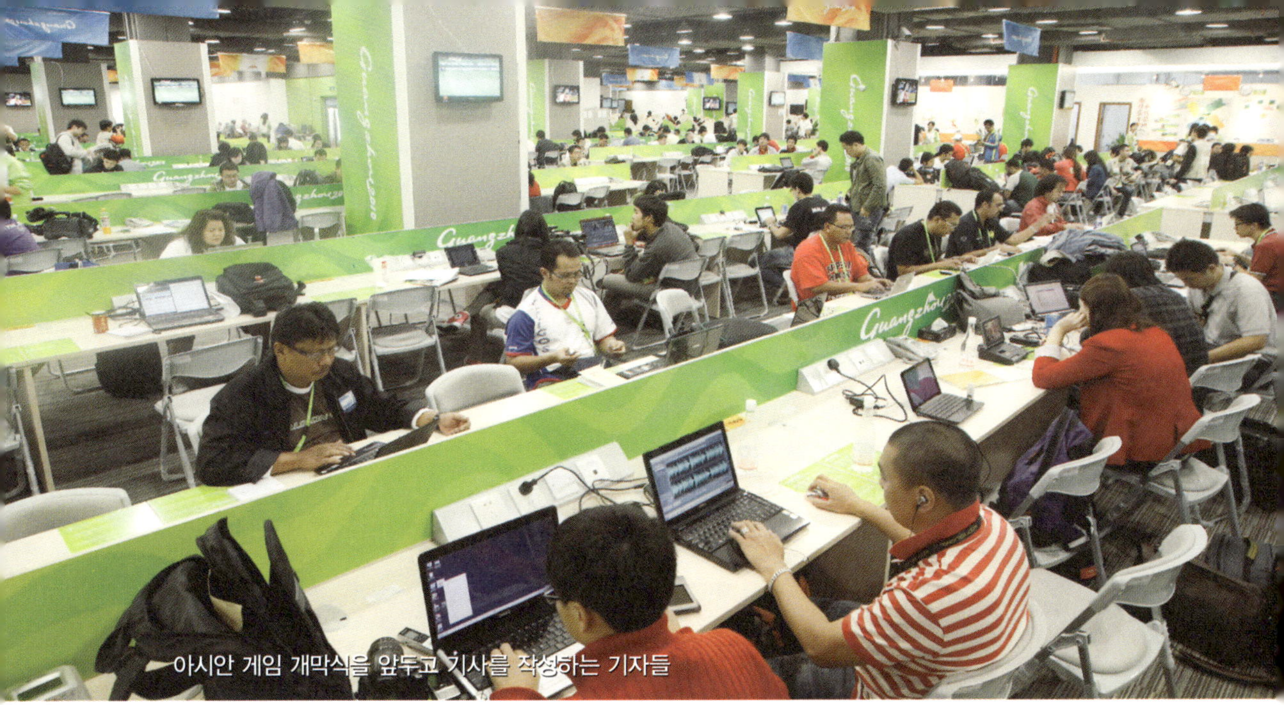

아시안 게임 개막식을 앞두고 기사를 작성하는 기자들

그 기사를 읽는 사람까지도 편견을 갖게 되거나, 사람들이 그런 기사를 내는 언론사를 신뢰하지 않게 됩니다.

돌발퀴즈

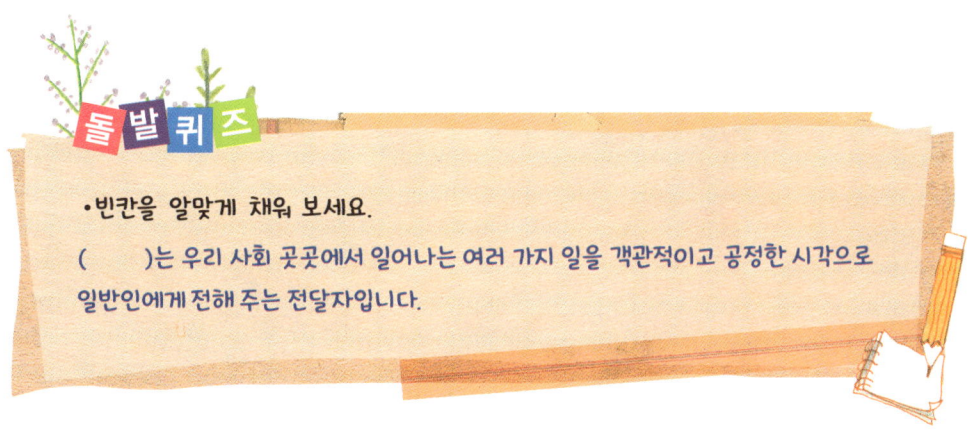

• 빈칸을 알맞게 채워 보세요.

(　　　)는 우리 사회 곳곳에서 일어나는 여러 가지 일을 객관적이고 공정한 시각으로 일반인에게 전해 주는 전달자입니다.

Step 4

기자는 무슨 일을 할까?

　현대 사회는 하루가 다르게 매우 빠르게 변합니다. 놀라운 소식이 쉴 새 없이 쏟아지고 있지요. 이러한 시대에 기자는 국내외에서 일어나는 각종 사건, 사고를 발 빠르게 취재합니다. 역사적으로 기록에 남을 만한 새로운 기술이나, 세계 각 나라에서 일어나는 전쟁 등의 소식을 기사로 만들어 방송, 신문, 잡지 같은 매체를 통해 우리에게 전달해 줍니다. 기자들이 어떤 과정을 거쳐 이런 일들을 하는지 구체적으로 알아보아요.

새로운 소식을 가장 먼저 알아내요

기자들은 새로운 소식을 누구보다 먼저 알아냅니다. 어떤 일이 일어나는지를 그 지역에 사는 사람보다 먼저 알아내서 기사를 작성해요.

기자들은 어떤 방법으로 이렇게 빠르게 정보를 수집할까요? 우선 시청, 경찰서 같은 공공 기관에 출입하면서 관련 소식을 알아냅니다. 시청은 해당 지역의 이슈와 행사 등을 관리하고, 경찰서는 그 지역에 일어나는 각종 사건 사고

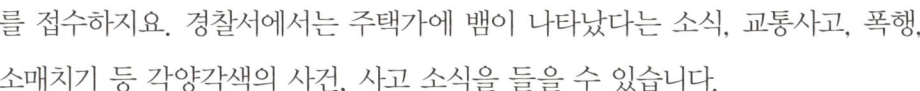

를 접수하지요. 경찰서에서는 주택가에 뱀이 나타났다는 소식, 교통사고, 폭행, 소매치기 등 각양각색의 사건, 사고 소식을 들을 수 있습니다.

독자나 시청자의 제보로도 새로운 소식을 알아낼 수 있습니다. 통신 기술이 발전하면서 신문의 독자나 텔레비전 뉴스의 시청자 들은 정보를 쉽게 제공할 수 있게 되었습니다. 더욱이 스마트폰 시대에 들어서면서 사건 현장을 사진과 영상으로 기록해 그 자리에서 바로 언론사에 전송할 수 있게 되면서 기자들은 생생하고도 정확한 정보를 빠르게 얻을 수 있게 된 것입니다.

이렇게 공공 기관이나 독자와 시청자에게서 얻은 정보 가운데 기사가 될 만한 것이 있다고 판단하면, 기자는 그 현장에 찾아가 꼼꼼히 조사하고 관련된 사람을 인터뷰해 기사를 작성합니다.

이런 일을 하는 기자를 흔히 취재 기자라고 부릅니다.

특파원이 되어 국외 소식을 알려 줘요

방송사나 신문사는 국외에 기자를 파견해 국내에서는 생생히 전달할 수 없

는 국외 소식을 취재하도록 합니다. 그런 기자를 특파원이라고 해요. 보통 올림픽이나 전쟁, 정치 행사 등 특별한 일이 생기면 특파원으로 파견되거나, 아예 외국에서 오랫동안 머물며 취재하도록 파견되는 특파원도 있습니다.

특파원은 시차 때문에 한밤중에도 일해야 할 때가 있고, 국내와 다른 현지 생활에 적응해야 하기 때문에 많은 어려움을 겪기도 합니다. 하지만 국제적인 이슈를 현장에서 직접 보고 들으며 기사를 쓸 수 있는 특파원은 방송사나 신문사에서 중요한 인재로 여겨지기에 기자 중에서도 선망의 대상이 됩니다.

현장을 사진과 영상에 담아요

현장을 취재하고 기사로 작성하는 기자가 있다면, 현장을 사진과 영상에 담는 기자도 있습니다. 이들을 촬영 기자라고 합니다. 글이나 말로만 이루어진 기사보다는 사진과 영상이 더해진 기사가 더욱 생생하고 구체적으로 사건을 전달할 수 있기 때문에 독자나 시청자들에게 더 신뢰받을 수 있어요.

특집 기사를 기획해요

뉴스, 신문, 잡지를 보면 '특집 기사'라는 말이 나옵니다. 한 가지 주제를 정해 일정 기간 동안 집중적으로 취재한 기사를 가리키지요. 기자는 사람들에게 필요하고, 관심을 끌 만한 소재와 주제를 정해 깊이 있게 다룹니다. 이미 널리 알려진 소재라고 해도 색다른 시각으로 접근하면 사람들의 관심을 끌 수 있기 때문에, 특집 기사의 소재와 주제를 정하는 기자의 안목이 중요합니다.

예를 들어, '음식점에서 일하는 서비스 종사자의 직업 일기'라는 주제가 정해졌다고 가정해 보세요. 기자는 직접 음식점에서 한 달이든 두 달이든 일정 기간 동안 일하며, 그 과정에서 새로 깨닫게 된 사실이나 음식점 서비스 종사자의 어려움 등을 기사로 작성합니다. 체험을 바탕으로 작성된 기사이기에 독자는 그 기사를 신뢰할 수 있으며, 일상적으로 접하는 음식점 서비스 종사자를 새로운 시각으로 보게 됩니다.

▌완성된 기사를 방송이나 지면에 맞도록 편집해요

우리가 읽고 보고 듣는 기사는 현장에서 작성되어 곧장 우리에게 전해질까요? 그렇지 않습니다. 취재 기자가 작성한 기사는 편집 기자의 손을 거쳐 우리에게 전해집니다. 방송사의 편집 기자는 취재 기자가 보내 온 기사 중에 방송할 내용을 회의를 거쳐 정합니다. 내용이 결정되면, 보도되는 시간 분량에 맞추어 촬영 영상과 기사 내용이 시청자에게 효과적으로 전달되도록 필요 없는 내용은 삭제하고, 설명이 더 필요한 부분에는 자막을 넣는 등의 과정을 거쳐 영상을 편집하지요.

신문사의 편집 기자라면, 편집 회의를 거쳐 지면의 머리기사나 주요 사건으로 보도할 부분을 정하고 사진과 내용이 조화롭게 배치되도록 레이아웃을 구성하는 하는 일을 합니다.

▌특정 분야를 전문적으로 다뤄요

신문이나 방송에서 기사로 다루기에 지나치게 전문적이거나, 특정한 사람들만 관심을 두는 기사는 어느 매체에서 다룰까요? 바로 잡지입니다. 정치, 여성,

의학, 법학, 스포츠, 종교, 영화 등 한 분야에 집중한 내용을 싣는 것이 잡지입니다. 따라서 잡지 기자는 해당 분야의 전문적인 지식을 다룰 수 있을 만큼의 배경지식을 쌓고서 기사를 작성합니다.

> **Tip** 레이아웃이란?
> 디자인, 광고, 편집에서 문자, 그림, 기호, 사진 등 각각의 구성 요소를 한정된 공간 안에 효과적으로 배열하는 일이나 기술을 일컫습니다. 기사가 빨리 읽히고, 핵심 내용이 명쾌히 드러나며, 각각의 기사들이 통일된 느낌으로 배열되도록 하는 능력이 필요합니다.

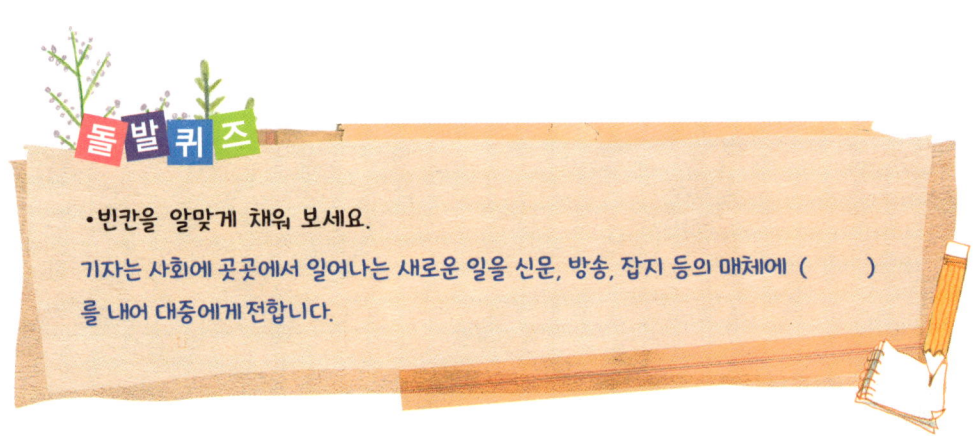

돌발퀴즈

• 빈칸을 알맞게 채워 보세요.
기자는 사회에 곳곳에서 일어나는 새로운 일을 신문, 방송, 잡지 등의 매체에 (   ) 를 내어 대중에게 전합니다.

현장을 취재하는 사회부의 취재 기자와 촬영 기자

"기자의 분류"

기자는 어떤 언론 매체에서 일하느냐, 그 매체의 어느 부서에서 일하느냐, 소속된 부서에서 어떤 업무를 맡느냐에 따라 분류할 수 있습니다. 신문사에서 일한다면 신문 기자, 방송사에서 일한다면 방송 기자, 잡지사에서 일한다면 잡지 기자가 되겠지요. 또한 각 매체는 사회부, 정치부, 경제부, 문화부, 스포츠부 등으로 나뉘어 있습니다. 소속되는 부서에 따라 사회부 기자, 정치부 기자, 경제부 기자 등으로 분리돼요. 해당 부서에서 취재와 인터뷰를 맡는다면 취재 기자, 사진과 영상 촬영을 맡는다면 촬영 기자, 기사를 편집하는 일을 맡는다면 편집 기자라 불립니다.

기자를 꿈꾼다면 나는 어떤 언론 매체에서 일하고 싶은지, 사회·정치·경제·문화 등 내 관심 분야는 무엇인지, 취재·편집·사진 등 어떤 업무가 내 재능에 맞을지 잘 판단해서 도전해 보세요.

직업 일기
기자의 하루

　오늘도 평소와 다름없이 오전 8시에 서울 시청에 출입했다. 출근하자마자 오늘 진행되는 지역 행사와 이슈를 점검해 담당 데스크에게 보고를 마쳤다.

　곧이어 할 일은 며칠 전에 한 NGO 단체가 제보한 "폐지를 수집해 기부하는 할머니"를 취재하는 것이었다. 담당자에게 전화해서 지난주에 약속한 인터뷰 일정을 확인한 뒤, 함께 취재 나갈 선배 기자와 취재 및 인터뷰 방향을 토론했다. 토론한 내용을 바탕으로 가기사(임시로 작성한 기사)를 작성해 보았다.

　선배 기자, 촬영 기자와 함께 약속한 장소에 도착했다. 먼저 촬영 기자가 카메라를 설치하는 동안 NGO 단체 담당자와 인사를 나누었다. 카메라 설치가 끝난 뒤 준비한 질문을 통해 제보가 사실인지 확인하고 담당자의 대답을 신중히 경청했다.

　두 번째 인터뷰 대상자는 오늘의 주인공인 할머니이다. 텔레비전으로

기본 의료 서비스도 받지 못하는 해외 오지 마을의 어린이들을 보고 기부하기로 결심하셨다고 한다. 하지만 사실 할머니도 폐지를 모아 생활을 꾸려 가야 할 정도로 형편이 어려운 처지였다. 그런데도 작은 도움이라도 되기 위해 그렇게 모은 돈을 NGO 단체를 통해 그 어린이들에게 기부한 것이라고 했다. 인터뷰하는 동안 마음이 계속 뭉클해졌다.

인터뷰가 끝나고 바로 뉴스 편집실로 향했다. 인터뷰 장면을 촬영한 테이프를 편집기에 넣고 내용을 되새기며 오전에 썼던 가기사를 다듬은 뒤 7층 녹음실에서 음성을 녹음했다. 녹음을 마치고 편집 기자에게 영상 편집을 맡겼다.

그날 저녁 뉴스에 내가 취재한 기사가 보도되었다. 이 뉴스 하나를 위해 오늘 하루 힘들게 이리저리 뛰어다녔지만, 여러 사건 사고와 사람들의 다양한 삶을 생생하게 전해 주는 이 일이 늘 자랑스럽다.

Step 5

기자의
좋은 점 vs 힘든 점

좋은 점 : 여러 사람에게 진실을 전달하기 때문에 자부심을 느껴요!

　기자는 새로운 사실이나 가려진 진실을 사람들에게 알린다는 점에서 자부심을 느낍니다. 또한 취재와 인터뷰 과정에서 여러 사람을 만나 정치, 경제, 문화, 스포츠 등 많은 분야를 깊이 있게 배울 수도 있지요.
　국내는 물론 세계 곳곳을 다니며 역사적인 현장에 직접 가 보거나, 사건이 일어나는 순간을 목격한다는 점에서도 큰 매력을 느낄 수 있는 직업입니다.

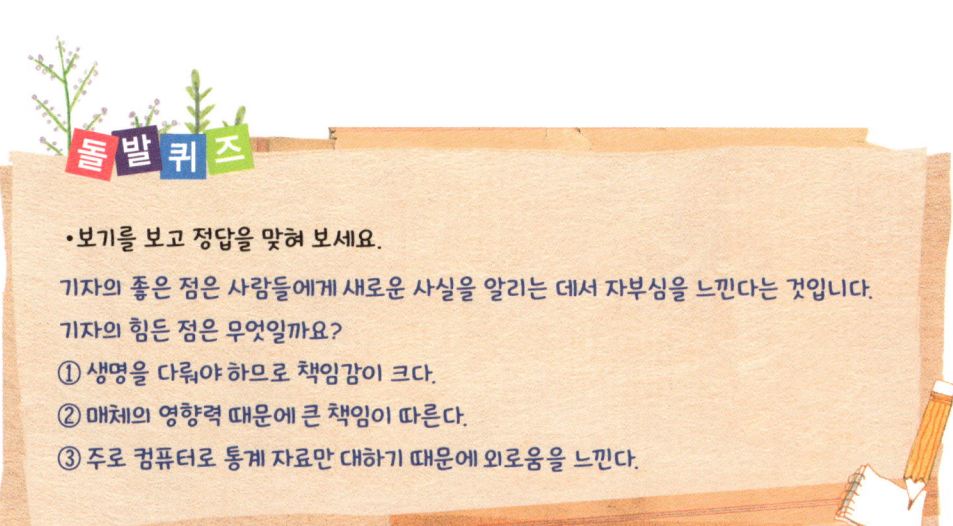

돌발퀴즈

• 보기를 보고 정답을 맞혀 보세요.

기자의 좋은 점은 사람들에게 새로운 사실을 알리는 데서 자부심을 느낀다는 것입니다.
기자의 힘든 점은 무엇일까요?
① 생명을 다뤄야 하므로 책임감이 크다.
② 매체의 영향력 때문에 큰 책임이 따른다.
③ 주로 컴퓨터로 통계 자료만 대하기 때문에 외로움을 느낀다.

힘든 점 : 매체의 영향력 때문에 책임이 커요!

신문이나 방송이 갖는 매체의 영향력 때문에 기사를 보도하는 것은 큰 책임이 따릅니다. 사소한 단어라도 잘못 사용할 경우 항의를 받기도 하고, 어느 한쪽을 옹호하거나 비판하는 내용을 다루면 법적 소송을 당하는 일도 있습니다. 따라서 항상 사건을 냉정하게 파악하고, 객관적 정보를 바탕으로 기사로 작성해야 합니다. 또한 때로는 약자의 편에 서기도 해야 하므로 큰 용기가 필요한 직업이에요.

기자는 어떤 능력이 필요할까?

글쓰기 능력과 풍부한 배경지식

취재 기자는 기본적으로 독자와 글로 소통하기 때문에 글쓰기 능력이 필수입니다. 좋은 기사를 쓰기 위해서는 사건 전체를 이해하는 능력이 중요하므로 사건과 관련한 배경지식도 풍부해야 하지요. 일반인도 한 번 보고 알 수 있는 일차적인 정보 외에 기자만이 전달할 수 있는 기사를 쓰기 위해서는, 글쓰기 능력과 함께 여러 분야에 관심을 두고 학습하는 능력을 갖추어야 합니다.

체력

기자는 스스로 뉴스가 될 만한 화제를 찾아 분주하게 뛰어다녀야 하고, 마감 시간에 맞춰 기사를 작성해야 하기 때문에 항상 시간에 쫓깁니다. 때로는 새벽까지 현장을 취재하기도 해요. 휴일이나 주말에도 일어나는 사건 소식을 전달하기 위해 교대 근무를 하지요. 또한 촬영 기자는 무거운 촬영 기기를 들고 이동하는 일이 많습니다. 기자들이 이런 일을 잘 해내기 위해서는 강인한 체력이 뒷받침되어야 하겠지요.

- 알맞은 답을 고르세요.

기자 일을 하는 데 다음 중 어떤 능력이 가장 필요할까요?

① 수리력　　　　② 관찰력　　　　③ 협상 능력

책임감

우리가 개인 홈페이지나 SNS에 쓰는 글은 친구나 가족끼리만 공유하지만 기사는 모든 사람이 읽기 때문에 큰 책임감이 요구됩니다. 독자와 시청자가 잘못된 정보를 사실이라고 믿는 일이 있어서는 안 되겠지요.

관찰력, 순발력, 인내력

사진이나 영상으로 사실을 전달하는 촬영 기자는 머릿속으로 수많은 그림을 그리다가 실제로 가장 좋은 순간을 놓치지 않고 담아내는 순발력이 있어야 합니다. 취재 기자는 현장을 잘 관찰해 잘 알려지지 않은 진실을 밝히기도 해야 하죠. 또한 기자는 사실을 가장 잘 보여 주는 순간을 잡기 위해 며칠씩 한 현장에서 기다리기도 해야 하므로 인내력이 필요해요.

Step 7 기자가 되기 위한 과정은?

중·고등학교

일반 혹은 자율 고등학교에 진학해 사회, 어문 계열에 집중할 수 있는 문과를 선택하면 좋습니다. 사회를 냉철하게 바라보는 눈과 말하는 솜씨, 논리적으로 글 쓰는 능력이 필요하기 때문이에요.

대학교

대체로 신문방송학과, 정치학과, 사회학과 등 인문·사회 계열 전공자가 많습니다. 의학, 법학 등의 전문 기자를 목표로 한다면 해당 분야를 전공하거나 전문 자격증을 갖추어야 해요.

졸업 후

언론사의 공개 채용을 통해 기자가 됩니다. 공개 채용 과정은 언론사마다 조금씩 다르지만 보통 1차 서류, 국가 공인 영어인증시험 점수, 한자능력검정시험 점수, 2차 필기시험, 3차 실무 면접, 4차 최종 면접으로 이루어집니다.

관련 시험

국가 공인 영어인증시험, 한자능력검정시험

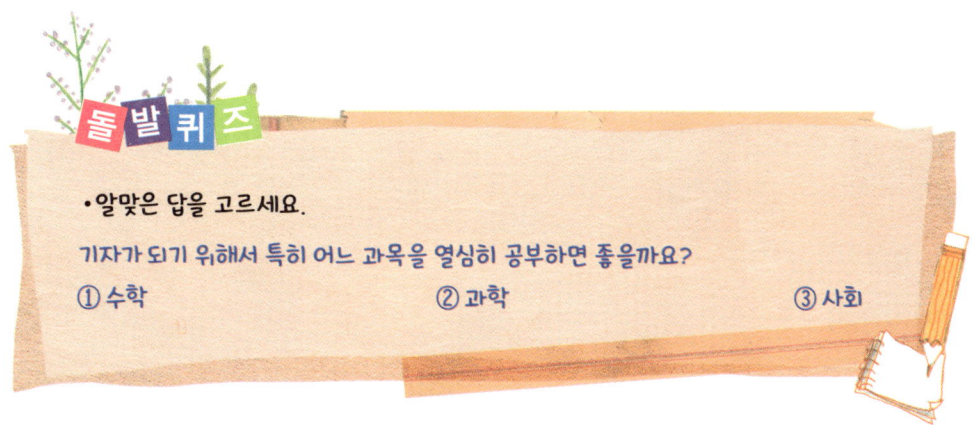

• 알맞은 답을 고르세요.
기자가 되기 위해서 특히 어느 과목을 열심히 공부하면 좋을까요?
① 수학　　② 과학　　③ 사회

직업 사전, 적합도 평가

기자라는 직업이 나와 얼마나 어울릴까?

❖ ( ) 안에 돌발퀴즈의 답을 적어 넣으면 직업 사전이 완성됩니다.

기자	직업 사전	직업 적합도		
		항목	평가	점수
정의	( )는 우리 사회 곳곳에서 일어나는 여러 일을 객관적이고 공정한 시각으로 일반인에게 전해 주는 전달자입니다.	기자라는 직업 자체에 얼마나 흥미가 있나요?	☆☆☆☆☆	/ 5
하는 일	기자는 우리 사회의 새로운 소식을 신문, 방송, 잡지 등의 매체에 ( )를 내어 대중에게 전합니다.	기자가 하는 일에 얼마나 흥미가 있나요?	☆☆☆☆☆	/ 5
장단점	기자는 사람들에게 새로운 사실을 알리는 데서 자부심을 느낀다는 장점이 있어요. 하지만 매체의 영향력 때문에 큰 ( )이 따릅니다.	장점과 단점을 모두 고려했을 때 기자라는 직업에 얼마나 관심이 있나요?	☆☆☆☆☆	/ 5
필요 능력	기자는 글쓰기 능력, 강인한 체력, 책임감, ( ), 끈기와 인내가 필요합니다.	기자가 되기 위해 필요한 능력을 얼마나 갖추고 있나요?	☆☆☆☆☆	/ 5
되는 방법	기자가 되기 위해서는 국어와 ( ) 과목을 열심히 공부해야 합니다. 글쓰는 능력, 사회를 냉철하게 바라보는 통찰력이 있어야 하기 때문이지요.	기자가 되기 위한 공부를 하는 데 얼마나 관심이 있나요?	☆☆☆☆☆	/ 5

기자 적합도(총점) :   / 25

직업 적합도 평가 방법

❶ 직업 사전의 항목을 꼼꼼히 읽어 보세요.

❷ 직업 적합도 항목을 읽고 해당하는 만큼 별표를 색칠해 주세요.

   0개 : 전혀 없음　　　1개 : 거의 없음　　　2개 : 조금 있음

   3개 : 보통　　　　　 4개 : 많음　　　　　 5개 : 아주 많음

❸ 별 1개당 1점으로 계산하여 점수를 적어 넣으세요.

❹ 평가 기준(총점)

총점	적합도	목표 직업으로 삼을 경우 고려할 점
21~25	매우 높음	직업 적합도가 매우 높습니다. 이 직업을 목표로 삼고 필요한 능력을 꾸준히 개발하도록 합니다.
16~20	높음	직업 적합도가 높습니다. 적합도 점수가 낮은 부분을 중심으로 보완하도록 합니다.
11~15	보통	직업 적합도가 보통입니다. 꾸준히 관심을 가지고 이 직업에 대해 알아보도록 합니다.
0~10	낮음	직업 적합도가 낮습니다. 해당 직업과 함께 다른 직업의 정보도 함께 알아보도록 합니다.

Step 8

교사와 학부모를 위한 가이드
적성 & 진로 지도

이렇게 지도하세요

기자는 새로운 정보를 가장 먼저 알아내서 전달하는 역할을 하기 때문에 눈에 보이는 현상을 편견 없이 받아들이는 습관이 필요합니다. 또한 새로운 소식을 신속하게 발견하고 받아들이기 위해서는 평소 여러 분야에 호기심을 갖고 적극적으로 알아보려는 자세가 중요해요.

학생에게 자주 새로운 환경을 경험할 수 있도록 해 주고, 그 환경에 대해 자기만의 생각과 의견을 갖도록 도와주세요. 그리고 논리적 사고를 바탕으로 자기 생각과 의견을 글로 옮기는 습관을 들이도록 이끌어 주세요.

학습 설계(중점 과목)

구분 I	구분 II
국어, 영어, 수학	사회, 과학, 예체능

활동 설계(관련 활동)

동 아 리	방송반, 학교 신문반, 교지 편집 위원회
독 서	《기자, 그 매력적인 이름을 갖다》《초등학교부터 시작하는 논술 오디세이》《초등 정치 생생 교과서》《나, 오늘 일기 뭐 써》《일곱 명의 괴짜 기자들》
기 타	논술 동아리, 사진 동호회 활동

꼭 알아 두세요

통신 기술이 발달하면서 종이 신문 구독률이 해마다 급격히 떨어지고 있습니다. 2012년 말엔 미국의 시사 주간지 가운데 하나인 《뉴스위크》가 적자를 견디지 못하고 종이 신문을 폐간했지요.

하지만 이 사실은 기자들이 다루는 기사가 더 이상 중요하지 않다는 뜻이 아닙니다. 오히려 사람들은 인터넷에 쏟아져 나오는 정보의 홍수 속에서 정확한 정보를 전달해 주는 기사를 원하고 있습니다. 학생이 평소 인터넷 검색을 통해 손쉽게 정보를 찾는 것이 아니라 객관적이고도 정확한 출처를 찾는 습관을 들이도록 도와주세요.

교사와 학부모를 위한 가이드
직업 체험 활동

교내 방송반 활동하기

교내 방송반은 청소년 시절부터 기자가 하는 일을 직접 경험하기에 좋은 부서입니다. 방송반 안에서도 여러 분야의 구성원을 모집합니다. 취재 기자를 꿈꾼다면 작가로 지원하고, 촬영 기자를 꿈꾼다면 사진과 영상 촬영 담당으로 지원하면 됩니다. 방송반 활동을 하면서 프로그램을 기획하고, 필요한 자료를 직접 찾고, 자료를 바탕으로 기사를 작성하는 등 방송과 관련된 다양한 일을 체험할 수 있습니다.

교지 편집 위원회 활동하기

교지 편집 위원회 학생들은 주로 학교의 사건을 취재하고, 교사와 선후배를 인터뷰해 기사를 작성해요. 또한 교지에 동료 학생들에게 필요한 정보를 싣기도 합니다. 이렇게 교지 편집 위원회 활동을 하면서 취재 기자의 업무를 미리 체험해 보고, 기자라는 직업이 적성에 맞는지 알아 보세요.

사진, 영상 촬영 기술 배우기

　기자의 핵심 소통 도구는 글이지만, 현대인은 글보다 이미지를 통해 정보를 수집하는 성향이 강합니다. 자연히 기자 세계에서도 촬영 기자의 역할이 더욱 중요해졌습니다. 따라서 방과 후 활동이나 동호회 활동을 통해 사진과 영상 촬영 기술을 배워 보세요. 훗날 기자가 되었을 때 도움이 될 것입니다.

추천 사이트

한국언론진흥재단　http://www.kpf.or.kr
한국신문협회　http://www.presskorea.or.kr
한국기자협회　http://www.journalist.or.kr
한국사진기자협회　http://www.kppa.or.kr

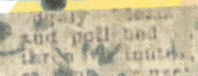

공학 계열

컴퓨터 프로그래머

Step 1

컴퓨터 프로그래머 이야기

　예전에는 원하는 음악을 들으려면 레코드점에 가서 음반을 사야 했고, 영어 단어를 찾기 위해서는 두꺼운 영어 사전을 들춰야 했습니다. 요즘은 컴퓨터나 스마트폰에서 원하는 음악을 듣거나 영어 단어를 검색해서 찾아봅니다. 또한 은행 통장에 있는 돈을 다른 사람에게 보낼 때도 인터넷뱅킹이나 모바일뱅킹을 더 많이 이용하지요. 모두 컴퓨터 기술이 매우 발전했기 때문입니다.

　이렇게 생활이 편리해진 데에는 보이지 않는 곳에서 애쓰는 컴퓨터 프로그래머의 노력이 큰 역할을 했습니다. 그럼 지금부터 컴퓨터 프로그래머가 어떤 직업이고, 하는 일은 무엇인지 하나하나 살펴보아요.

대학생 컴퓨터 프로그래밍 경시 대회

개인용 컴퓨터 시대를 여는 데 이바지한 빌 게이츠

컴퓨터의 두뇌에 해당하는 중앙 처리 장치

Step 2

역사 속 직업 이야기

여러분이 매일 사용하는 컴퓨터의 처음 모양은 어땠을지 생각해 본 적 있나요? 최초의 현대식 컴퓨터는 1946년 미국 펜실베이니아 대학교에서 프레스퍼 에커트와 존 모클리 교수가 중심이 되어 만들어졌어요. 그 이름은 바로 에니악(ENIAC)입니다. 에니악은 무게만 해도 자그마치 30톤이었다고 해요.

에니악은 제2차 세계 대전 때 미국 육군이 적의 미사일 움직임을 추적하거나 예측해서 신속히 대응하기 위해 만들어졌습니다. 미국 정부가 지원해 펜실베이니아 대학교 연구진이 개발한 것입니다.

그렇다면 컴퓨터 하면 가장 먼저 생각나는 인물, 마이크로소프트 사의 창립자인 빌 게이츠는 어떤 사람일까요? 그동안 많은 사람이 컴퓨터를 처음 만든 사람을 빌 게이츠로 생각했어요. 하지만 빌 게이츠는 컴퓨터가 아닌 우리가 현재 사용하는 개인용 컴퓨터(PC)가 탄생하는 데 큰 역할을 한 프로그래머입니다.

빌 게이츠는 '가정마다 책상 위에 한 대씩 놓인 소형 컴퓨터'를 만들고 싶었습니다. 그래서 열세 살 때부터 컴퓨터 프로그래밍 능력을 키워 하버드 대학교에 입학한 뒤, 소형 컴퓨터에 사용될 프로그래밍 언어인 베이식(BASIC)을 만들었습니다. 베이식은 초보자도 쉽게 배울 수 있고 사용하기 편해서 개인용 컴퓨터에 널리 사용되고 있지요.

이후 빌게이츠는 19세 때 하버드 대학교를 중간에 그만두고 고등학교 선배인 폴 앨런과 함께 마이크로소프트 사를 창립했습니다. 두 사람은 컴퓨터가 작동할 수 있도록 해 주는 운영 체제(OS)인 '윈도우'를 프로그래밍했어요. 덕분에 많은 사람이 컴퓨터를 편리하게 사용할 수 있게 되었습니다.

그렇다면 최초의 컴퓨터 프로그래머 누구일까요? 1842년 컴퓨터 작동의 알고리즘을 처음 설명한 사람으로 알려진 에이다 러브레이스입니다. 그녀는 프로그래밍 언어에서 사용되는 여러 중요한 개념을 소개했고, 자신의 이름을 따서 '에이다' 프로그래밍 언어를 만들기도 했답니다.

Tip

프로그래밍 : 컴퓨터 프로그램을 작성하는 일을 말합니다. 일반적으로는 프로그램 작성 방법의 결정, 코딩(작업 흐름에 따라 프로그램 언어의 명령문을 써서 프로그램을 작성하는 일), 에러 수정 따위의 작업을 이르지만 특수하게 코딩만을 가리킬 때도 있어요.

알고리즘 : 어떤 문제를 해결하기 위한 일정한 절차나 방법을 말합니다. 주로 수학이나 컴퓨터공학에서 사용되는 단어로서, 컴퓨터가 복잡한 계산, 검색 등 어떤 명령을 수행하도록 하기 위해 미리 만들어진 단계적 방법을 뜻합니다.

컴퓨터 프로그래머는 어떤 사람일까?

Step 3

컴퓨터를 통해 생활을 편리하게 만들어 주는 마술사

컴퓨터 프로그래머는 프로그래밍 언어를 이용해 컴퓨터 프로그램을 전문적으로 개발하는 사람입니다. 컴퓨터는 복잡한 계산, 많은 양의 데이터 저장, 손쉬운 문서 작업, 인터넷 등을 가능하게 합니다. 사람들이 더욱 편리하고 즐겁게 생활할 수 있도록 만들어 주는 마법 상자와도 같지요. 그런데 이렇게 다재다능한 컴퓨터가 어떻게 스스로 작동할까요?

인간은 외부에서 어떤 자극을 받으면 그 자극이 뇌로 전달됩니다. 그럼 뇌가 어떤 명령을 내리고 이에 따라 몸이 반응하지요. 컴퓨터도 이용자가 키보드나 마우스로 명령을 입력하면 이 자극이 컴퓨터의 뇌 역할을 하는 중앙 처리 장치(CPU)로 전달됩니다. 중앙 처리 장치에서 지시에 맞는 명령을 내리면 컴퓨터가 작동하고, 우리가 보는 모니터 화면에 원하는 내용이 나타나는 것입니다.

이렇게 컴퓨터 내부 체계를 작동시키는 프로그램을 만드는 사람이 컴퓨터 프로그래머입니다. "이 명령을 내리면 이렇게 반응하게 한다"와 같은 법칙을 정하고 프로그래밍 언어로 입력해 하나의 프로그램을 만듭니다. 컴퓨터 게임을 포

'테트리스' 게임을 개발한 알렉세이 파지노프

함해 각종 프로그램 모두 컴퓨터 프로그래머가 만든 것입니다.

　프로그래밍 언어는 복잡한 기호와 영어로 되어 있어서 일반인이 보면 마치 암호 같습니다. 컴퓨터 프로그래머는 암호 같은 프로그래밍 언어와 수학적 계산을 이용해 우리 생활을 편리하게 해 주는 매우 중요한 사람이지요.

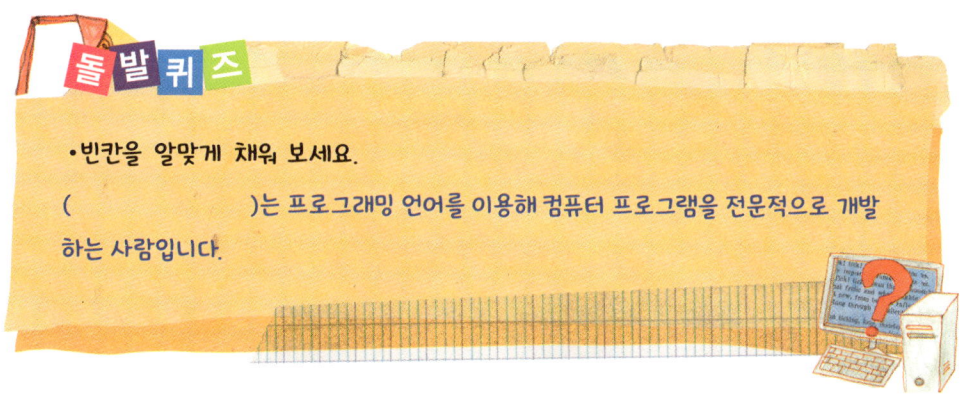

· 빈칸을 알맞게 채워 보세요.

(　　　　　　)는 프로그래밍 언어를 이용해 컴퓨터 프로그램을 전문적으로 개발하는 사람입니다.

Step 4

컴퓨터 프로그래머는 무슨 일을 할까?

전혀 모르는 장소를 찾아가야 할 때 내비게이션만 있으면 걱정할 필요가 없습니다. 오프라인 상점에서는 잘 팔지 않는 물건은 인터넷 온라인 상점에서 손쉽게 구매할 수도 있고, 친구와 채팅으로 중요한 대화를 나눌 수도 있지요. 이런 일들이 가능해진 이유는 컴퓨터 프로그래머가 개발한 프로그램 덕분입니다.

이들은 어떤 방법으로 이렇게 컴퓨터 프로그램을 만들까요?

▍사용 목적에 맞도록 컴퓨터 프로그램의 개요를 짜요

여러분이 만약 글을 써야 한다고 생각해 보세요. 가장 먼저 무엇을 해야 할까요? 글을 쓸 때는 우선 그 글의 목적과 누가 이 글을 읽을지 대상을 알아야 해요. 설명문, 논설문, 수필 등 목적에 맞는 형식을 정하고, 어떻게 글을 써 나갈지 미리 개요를 짜야 완성도 있는 글을 쓸 수 있습니다.

컴퓨터 프로그램을 짤 때도 마찬가지입니다. 가장 먼저 개요를 짜야 하지요. 이 개요를 보통 순서도(flow chart)라고 합니다. 좋은 프로그램을 만들기 위해 가장 중요한 것은 사용 목적에 꼭 맞도록 프로그램 구조를 기획하는 일입니다. 어떤 프로그래밍 언어를 쓰고, 어떤 식으로 알고리즘을 만들지, 또 프로그램이 실행되는 데 시간은 얼마나 걸리게 할지 등을 정하는 것이지요.

▍컴퓨터의 프로그램 언어를 사용해서 프로그램을 코딩해요

컴퓨터가 쓰는 언어는 우리가 쓰는 언어와 많이 다릅니다. 그래서 컴퓨터를 실행시킬 때에도 컴퓨터가 이해할 수 있는 언어로 명령을 내려야 하지요. 컴퓨터가 이해할 수 있는 말은 딱 두 가지밖에 없습니다. 바로 0과 1이에요. 컴퓨터에 0과 1로만 수많은 종류의 명령을 입력해야 하기 때문에 매우 어렵고 복잡해요. 여러분이 친구에게 두 가지 글자로만 얘기를 해야 한다고 생각해 보세요. 컴퓨터 언어로 명령을 입력하는 것이 얼마나 어려운지 상상이 될 거예요.

그래서 컴퓨터 프로그래머는 편리하게 컴퓨터에 명령을 내릴 수 있도록 프로그래밍 언어(C 언어, C++, JAVA 등)를 사용합니다. 사람에게도 한국어, 영어, 프랑스 어 등 국가별 언어가 있듯이, 프로그래밍 언어도 종류가 다양해서 목적에 맞는 언어를 골라 씁니다.

또한 우리말에 일정 단어와 문법이 있는 것처럼 프로그래밍 언어에도 단어와 문법이 있습니다. 선택한 언어의 정해진 단어와 문법을 사용해 컴퓨터에 내릴

명령을 문서처럼 작성하는 작업을 코딩(coding)이라고 해요. 코딩을 한 뒤에는 컴파일링(compiling)이라는 과정을 거쳐 이를 컴퓨터가 이해할 수 있는 0과 1로 바꿔 줍니다. 컴퓨터 프로그래머가 가장 많은 시간을 들이는 작업이 바로 코딩이에요. 명령어를 정확히 만들어야 컴퓨터가 제대로 실행될 수 있으니까요.

Tip
C 언어 : 프로그램을 기계어 명령에 가까운 형태로 기술할 수 있는 프로그래밍 언어입니다. 연산에 쓰는 기호와 자료 구조가 풍부해 프로그램 구조를 기획하기 쉬워요.
C++ : C 언어를 확장한 프로그래밍 언어로, 모든 데이터를 물체로 취급해 프로그래밍합니다. 대규모 응용 프로그램을 만드는 데 가장 알맞은 프로그램 언어로 받아들여집니다.
자바 : C++의 장점을 살리면서 다른 운영 체제에서도 사용할 수 있고, 보안성을 강화한 프로그래밍 언어입니다.

▍코딩한 프로그램의 오류를 수정해요

우리가 시험을 보고 나면 문제의 정답을 제대로 맞혔는지 확인하듯이, 코딩을 마친 프로그램도 이상이 없는지 확인해야 합니다. 덧셈 프로그램을 만들었는데 덧셈이 되지 않는다면 안 되겠죠?

이러한 과정을 디버깅(debugging)이라고 부릅니다. 버그(bug)는 벌레라는 뜻이고 디버그(debug)는 벌레를 없앤다는 뜻입니다. 컴퓨터 프로그램에 생기는 오류를 벌레라 부르고, 그 벌레를 없애는 과정을 디버깅이라 칭하는 것입니다.

프로그램을 만들고 실제로 작동해 보면 제대로 실행되지 않을 때가 많습니다. 따라서 그 원인을 찾아서 수정해야겠지요. 프로그램을 개발할 때 가장 어려운 부분이 바로 어디에 문제가 생겼는지 확인하는 작업이에요. 다행히 요즘은 오류를 찾아 주는 프로그램이 발달해 프로그래머의 어려움을 줄여 주고 있습니다.

코딩부터 테스트 과정까지 문서로 정리해요

오류를 수정한 뒤 모든 테스트를 통과하면 이제 하나의 컴퓨터 프로그램이 완성될까요? 그렇지 않습니다. 모든 개발 단계를 문서로 남기는 작업이 남아 있어요. 왜 모든 과정을 문서로 남겨 놓아야 할까요? 프로그램을 개발하는 데에 시간이 꽤 걸리기 때문에 본인이 만들었더라도 시간이 지나면 앞의 과정을 잊어 버릴 수 있기 때문입니다. 또한 개발한 프로그램을 다른 사람에게 넘겨야 할 때나 넘겨받아야 할 상황이 생기기도 하므로 모든 단계를 문서로 정리해 놓으면 아주 유용하지요.

하지만 모든 프로그래머가 문서를 만들지는 않습니다. 문서 없이도 작업할 수 있기 때문이기도 하고, 따로 문서로 만들 시간이 없을 만큼 바쁠 때가 많아서예요. 하지만 꼼꼼하게 과정을 정리해 두면 나중에 작업 시간을 단축할 수도 있으므로, 문서화 작업 역시 중요한 업무입니다.

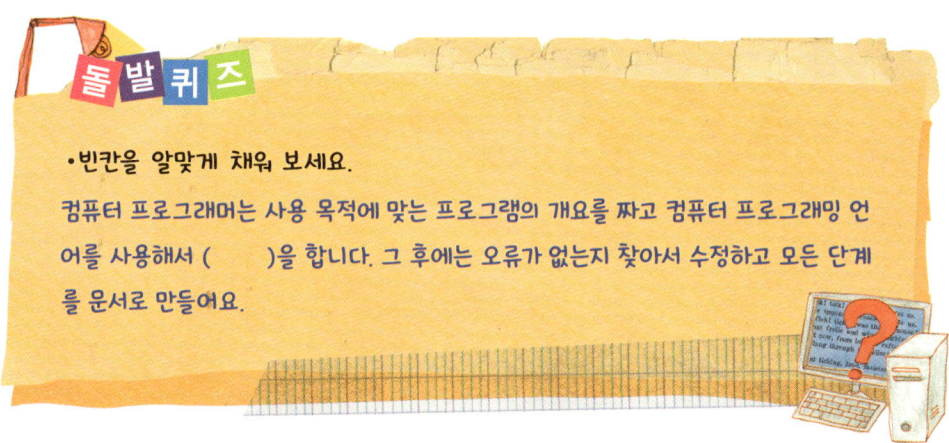

돌발퀴즈

• 빈칸을 알맞게 채워 보세요.

컴퓨터 프로그래머는 사용 목적에 맞는 프로그램의 개요를 짜고 컴퓨터 프로그래밍 언어를 사용해서 (　　)을 합니다. 그 후에는 오류가 없는지 찾아서 수정하고 모든 단계를 문서로 만들어요.

컴퓨터 프로그래머의 종류

컴퓨터 프로그래머가 진출할 수 있는 분야는 홈페이지 개발사, 기업의 전산실, 이동통신사, 소프트웨어 개발 업체 등 매우 다양합니다. 그만큼 컴퓨터 프로그래머의 종류도 여러 가지예요.

- **시스템 프로그래머:** 언어 프로세스, 운영 체제 등 우리가 일상적으로 사용하는 컴퓨터의 전체 시스템 프로그램을 설계하고 개발합니다. 윈도우나 유닉스와 같은 운영 체제가 대표적인 시스템 프로그램이에요. 이러한 소프트웨어들은 하드웨어를 모르는 이용자들이 컴퓨터를 쉽게 사용할 수 있도록 도와줍니다. 결국 시스템 프로그래머란 이용자들이 하드웨어를 편히 사용할 수 있도록 도와주는 사람인 셈이지요.

- **응용 프로그래머:** 워드 프로세서, 그림판, 엑셀 등 기업이나 개인이 사용하는 다양한 프로그램을 개발해요. 우리가 컴퓨터로 손쉽게 문서를 작성하고 그림을 수정할 수 있는 이유가 이 응용 프로그램들 덕분입니다.

- **웹 프로그래머:** 컴퓨터와 인터넷이 연결되어 있는 상태에서 일어나는 대부분의 일을 처리하는 전문가입니다. 우리가 컴퓨터를 켜는 순간 수시로 들어가고 나오는 각종 인터넷 사이트를 제작하고, 오류 없이 잘 운영되도록 하지요.

- **게임 프로그래머:** 교육용 게임부터 단순 오락 게임까지 다양한 컴퓨터 게임을 개발하는 전문가입니다. 게임 구조를 설계하고, 효과음과 그래픽 데이터를 통합해 하나의 게임을 완성하지요. 국내 게임 산업은 계속해서 발전하리라 예상되므로 게임에 진지하게 관심을 둔다면 도전해 볼 만한 분야입니다.

• **모바일 프로그래머:** 휴대전화, PDA, 스마트폰, 내비게이션 같은 단말기의 운영 체제나 응용 프로그램을 만드는 전문가입니다. 위치 정보, 벨 소리 관리, SMS 등 다양한 프로그램을 개발합니다.

• **임베디드 프로그래머:** 우리가 편리하게 사용하는 텔레비전, 세탁기, 자동차 등 특수한 목적을 가진 기계 장치 안에서 특정 작업을 수행하는 프로그램을 만듭니다. 예를 들어 휴대전화에 텔레비전 기능이 들어가 있다면, 텔레비전 기능이 바로 임베디드 프로그램으로 작동되는 것입니다. 세탁기라면 세탁물의 옷감 종류를 선택하는 기능, 물의 온도를 설정하는 기능 등 세탁과 탈수 외의 모든 기능이 임베디드 프로그램으로 작동합니다. 시스템 속에 시스템을 넣는 것이 임베디드 프로그래머의 일이라고 할 수 있어요.

임베디드 프로그래머

> **프로그래머로 시작해 벤처 기업의 대표가 된 김택진**

국내 대표적인 게임 개발 회사인 엔씨소프트를 세운 김택진은 프로그래머 출신으로서 벤처 기업 신화의 주인공이 되었습니다. 서울대학교 재학 중 '컴퓨터연구회'라는 동아리에서 만난 이찬진 드림위즈 대표와 함께 워드 프로세서 프로그램인 '아래아한글'을 공동 개발하기도 했지요. 엔씨소프트에서 개발한 게임 상품은 전국적으로 인터넷 기반 시설을 만들게 했고, 피시방이 널리 보급되도록 했으며, 정부가 IT 육성 정책을 펼치는 계기를 만들었습니다.

직업 일기
컴퓨터 프로그래머의 하루

　컴퓨터 프로그래머로 일한 지도 7년이 되었다. 지금은 온라인 게임으로 유명한 국내 회사에서 게임을 개발하고 있다. 어렸을 때부터 컴퓨터 게임을 좋아하다가 직접 만들어 보고 싶다는 생각이 들어서 시작한 일이 프로그래밍이었다.

　중학교 2학년 때 게임을 직접 만들겠다는 마음으로 서점에 가서 프로그래밍 언어 책을 사서 읽었던 기억이 아직도 생생하다. 처음 책을 펼쳤을 때는 무슨 말인지 전혀 이해가 되지 않았다. 하지만 집중력과 끈기를 가지고 주위 형들에게 물어보면서 하나하나 이해해 나갔다. 그 결과 지금은 뛰어난 프로그래머가 되었다.

　요즘 회사가 매우 바쁜 시기이다. 새롭게 개발한 게임을 세상에 공개한 지 얼마 되지 않았기 때문이다. 이번에 개발한 게임은 컴퓨터로 하는 것이 아니라 스마트폰으로 한다. 게임 초보자도 쉽게 할 수 있도록 만들자는 목표로 약 2년 동안 개발한 끝에 완성되었다. 게임이 공개되었을 때 정말 설레고 짜

릿했다.

  하지만 서서히 사람들에게 게임이 알려지자 우리 팀은 긴장 상태가 되었다. 많은 사람이 한꺼번에 게임을 하면 자칫 접속 오류가 날 수 있기 때문이다. 어젯밤에도 잠시 서버가 중단되는 비상사태가 있었다. 이런 일이 생기면 집에서 잠을 자다가도 당장 회사로 나가 문제를 해결해야 한다. 사람들은 게임을 하다가 느려지거나 중단되면 곧장 불만을 표시하고, 제때 손보지 않으면 바로 다른 게임으로 바꾸기 때문에 한밤중이라도 재빨리 대처해야 해야 하는 것이 컴퓨터 프로그래머의 일상이다.

  늦게까지 일하는 날이 많은 직업이지만 내가 개발한 게임이 많은 사람에게 인기를 얻으면 그동안 힘들었던 마음이 사르르 사라진다. 또 내가 좋아하는 게임을 매일 볼 수 있으니 얼마나 행복한 직업인가!

컴퓨터 프로그래머의 좋은 점 vs 힘든 점

Step 5

좋은 점 : 앞으로도 활동할 수 있는 분야가 많아서 전망이 밝아요!

일상생활에서 컴퓨터로 처리하는 일이 계속 많아지는 만큼 컴퓨터 프로그래머의 일자리는 계속 증가하리라 예상됩니다. 따라서 컴퓨터 프로그래머로서 자신의 능력을 잘 개발해 나간다면, 좋은 대우를 받으며 다양한 곳에서 일할 수 있습니다.

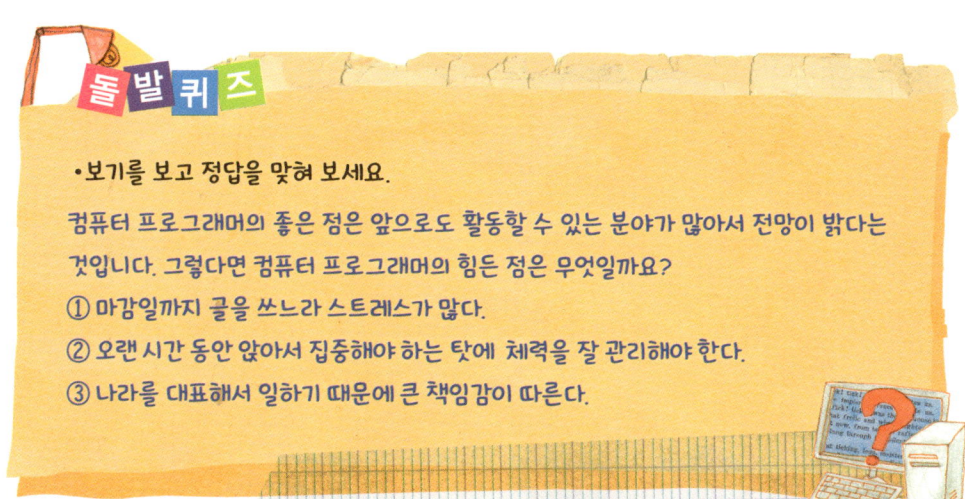

돌발퀴즈

• 보기를 보고 정답을 맞혀 보세요.

컴퓨터 프로그래머의 좋은 점은 앞으로도 활동할 수 있는 분야가 많아서 전망이 밝다는 것입니다. 그렇다면 컴퓨터 프로그래머의 힘든 점은 무엇일까요?
① 마감일까지 글을 쓰느라 스트레스가 많다.
② 오랜 시간 동안 앉아서 집중해야 하는 탓에 체력을 잘 관리해야 한다.
③ 나라를 대표해서 일하기 때문에 큰 책임감이 따른다.

힘든 점 : 장시간 앉아서 집중해야 하므로 체력 면에서 힘들어요!

　컴퓨터 프로그래머는 보통 하나의 프로그램을 짧은 시간 안에 완성해야 하는 경우가 많습니다. 그러다 보니 밤을 새울 때도 있지요. 컴퓨터 앞에서 장시간 앉아서 집중해야 하는 것이 컴퓨터 프로그래머의 가장 큰 어려움입니다. 따라서 평소 체력을 잘 관리해야 한답니다.

Step 6

컴퓨터 프로그래머는 **어떤 능력**이 필요할까?

컴퓨터 활용 능력

프로그래밍 언어로 프로그램을 만드는 직업이기 때문에 컴퓨터를 활용하는 능력이 무엇보다 중요해요. 컴퓨터와 프로그래밍 언어를 능숙하게 다룰수록 능력을 인정받습니다. 컴퓨터에 대해 만능 박사가 되면 좋겠지요.

논리·분석력

만든 프로그램이 잘 작동하지 않을 때 꼼꼼한 분석력이 있어야 어디에서 오류가 났는지 정확히 알 수 있어요. 또한 논리적으로 생각하는 능력이 있어야 발견한 문제의 원인을 파악해 완벽하게 해결할 수 있습니다.

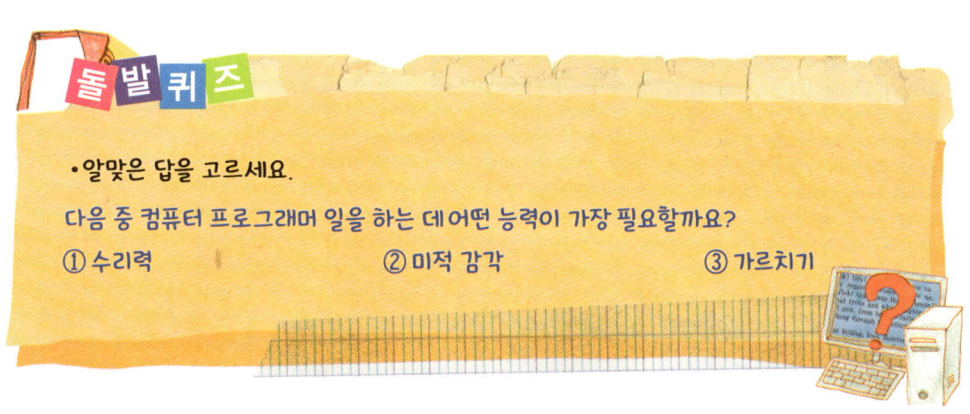

- 알맞은 답을 고르세요.

다음 중 컴퓨터 프로그래머 일을 하는 데 어떤 능력이 가장 필요할까요?
① 수리력　　　　　② 미적 감각　　　　　③ 가르치기

수리력

컴퓨터는 하나의 거대한 첨단 계산기입니다. 컴퓨터에 내려지는 모든 명령은 수학적으로 계산되어 처리되기 때문에 수리력이 있어야 컴퓨터를 쉽게 배울 수 있지요. 컴퓨터 내부 연산이 어떻게 돌아갈지 계산할 수 있으려면 수학을 제대로 공부해야 합니다.

의사소통 능력

실력 있는 프로그래머가 되려면 고객이 원하는 것을 정확하게 반영한 프로그램을 개발해야 합니다. 그리고 프로그램을 개발할 때는 대부분 혼자가 아니라 여러 명이 협동하게 됩니다. 완성하기까지 수십 번의 수정 작업도 이어지기 때문에 그 과정에서 원활하고 명확한 의사소통 능력이 필요해요.

Step 7 컴퓨터 프로그래머가 되기 위한 과정은?

관련 자격증
(정보처리기능사, 정보처리산업기사, 정보처리기사 등)

졸업 후
(홈페이지 개발사, 웹 서버 호스팅 업체, 기업의 전산실 등)

대학교
(컴퓨터공학과, 전산학과, 전자공학과 등)

중·고등학교
(일반, 자율 고등학교의 이과)

중·고등학교

영어와 수학 공부를 열심히 해야 합니다. 컴퓨터 용어는 모두 영어로 되어 있고 컴퓨터의 작동 원리가 수학적 연산 작용이기 때문입니다. 두 과목 모두에 집중하기 위해서는 문과보다는 이과가 좋습니다.

대학교

보통 컴퓨터공학과, 전산학과, 소프트웨어공학과, 전자공학과 등에 진학합니다. 프로그래머는 진출 분야가 다양하고, 각 분야마다 필요한 지식도 매우 다르므로 미리 자신이 어떤 프로그램을 개발할지 졸업 전까지 정해 두면 좋습니다.

졸업 후

홈페이지 개발사, 기업의 전산실, 웹 서버 호스팅 업체, SI 업체, 소프트웨어 개발 업체 등 다양한 분야로 진출할 수 있습니다.

관련 자격증

정보처리기능사, 정보처리산업기사, 정보처리기사, 정보관리기술사, 전자계산기조직응용기사, 전자계산조직응용기술사 등

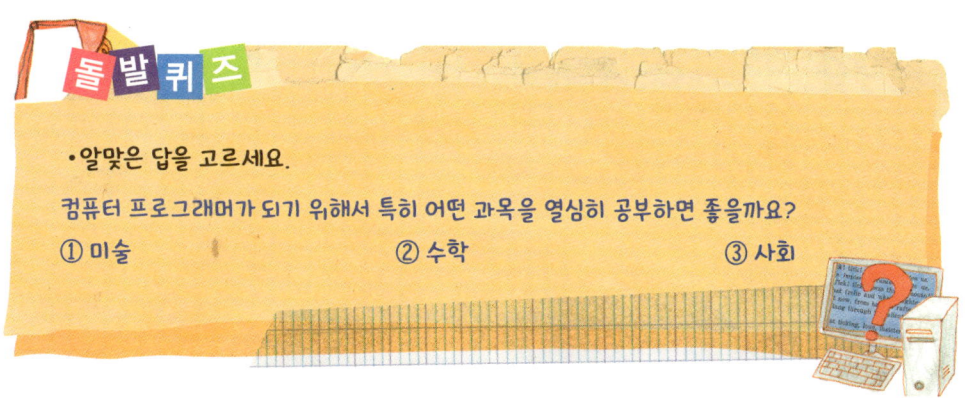

돌발퀴즈

• 알맞은 답을 고르세요.
컴퓨터 프로그래머가 되기 위해서 특히 어떤 과목을 열심히 공부하면 좋을까요?
① 미술　　　　　② 수학　　　　　③ 사회

직업 사전, 적합도 평가

컴퓨터 프로그래머라는 직업이 나와 얼마나 어울릴까?

❖ ( ) 안에 돌발퀴즈의 답을 적어 넣으면 직업 사전이 완성됩니다.

컴퓨터 프로그래머	직업 사전	직업 적합도		
		항목	평가	점수
정의	( )는 프로그래밍 언어를 이용해 컴퓨터 프로그램을 전문적으로 개발하는 사람입니다.	컴퓨터 프로그래머라는 직업 자체에 얼마나 흥미가 있나요?	☆☆☆☆☆	/ 5
하는 일	컴퓨터 프로그래머는 사용 목적에 맞는 프로그램 개요를 짜고, 프로그래밍 언어를 사용해서 ( )을 해요.	컴퓨터 프로그래머가 하는 일에 얼마나 흥미가 있나요?	☆☆☆☆☆	/ 5
장단점	컴퓨터 프로그래머는 앞으로도 활동할 수 있는 분야가 많다는 장점이 있는 반면, 오랜 시간 동안 앉아서 집중해야 하는 탓에 ( )을 잘 관리해야 한다는 단점이 있습니다.	장점과 단점을 모두 고려했을 때 컴퓨터 프로그래머라는 직업에 얼마나 관심이 있나요?	☆☆☆☆☆	/ 5
필요 능력	컴퓨터 프로그래머는 컴퓨터 활용 능력, 논리·분석력, ( ), 의사소통 능력 등이 필요해요.	컴퓨터 프로그래머가 되기 위해 필요한 능력을 얼마나 갖추고 있나요?	☆☆☆☆☆	/ 5
되는 방법	컴퓨터 프로그래머가 되려면 ( )과 영어 과목을 열심히 공부해야 해요. 대학교는 컴퓨터공학과, 전산학과, 소프트웨어공학과, 전자공학과 등에 진학하면 좋습니다.	컴퓨터 프로그래머가 되기 위한 공부를 하는 데 얼마나 관심이 있나요?	☆☆☆☆☆	/ 5

컴퓨터 프로그래머 적합도(총점) :   / 25

직업 적합도 평가 방법

❶ 직업 사전의 항목을 꼼꼼히 읽어 보세요.

❷ 직업 적합도 항목을 읽고 해당하는 만큼 별표를 색칠해 주세요.

   0개 : 전혀 없음   1개 : 거의 없음   2개 : 조금 있음

   3개 : 보통   4개 : 많음   5개 : 아주 많음

❸ 별 1개당 1점으로 계산하여 점수를 적어 넣으세요.

❹ 평가 기준(총점)

총점	적합도	목표 직업으로 삼을 경우 고려할 점
21~25	매우 높음	직업 적합도가 매우 높습니다. 이 직업을 목표로 삼고 필요한 능력을 꾸준히 개발하도록 합니다.
16~20	높음	직업 적합도가 높습니다. 적합도 점수가 낮은 부분을 중심으로 보완하도록 합니다.
11~15	보통	직업 적합도가 보통입니다. 꾸준히 관심을 가지고 이 직업에 대해 알아보도록 합니다.
0~10	낮음	직업 적합도가 낮습니다. 해당 직업과 함께 다른 직업의 정보도 함께 알아보도록 합니다.

교사와 학부모를 위한 가이드
적성 & 진로 지도

이렇게 지도하세요

학생이 컴퓨터 프로그램이 어떻게 만들어졌고 어떤 식으로 작동하는지에 큰 관심을 나타낸다면 컴퓨터 프로그래머라는 직업을 소개해 주고 지도해 볼 만합니다. 컴퓨터 프로그래머는 프로그래밍 언어를 이용해 컴퓨터 프로그램을 전문적으로 개발하는 사람이에요. 따라서 기본적으로 컴퓨터를 다루는 데에 흥미가 있는 학생에게 알맞은 직업입니다.

컴퓨터 용어와 언어가 대부분 영어로 되어 있기 때문에 학습 과정에서 영어를 많이 사용하게 됩니다. 따라서 학생이 영어에 흥미를 잃지 않도록 도와주세요.

또한 프로그래머에게 가장 필요한 능력 가운데 하나는 논리적, 수학적 사고입니다. 어려서부터 어떤 문제에 접근할 때, 순서도를 그리듯 논리적 흐름을 따라 해결하는 습관을 키워 주면 좋습니다. 이러한 과정의 밑바탕에는 수학 지식이 깔려 있으므로 수학 공부도 열심히 하도록 신경 써 주세요.

학습 설계(중점 과목)	
구분 I	구분 II
국어, 영어, 수학	사회, 과학, 예체능

활동 설계(관련 활동)	
동 아 리	컴퓨터, 과학, 수학 관련 동아리
독 서	《재민아 컴퓨터하자》《보기보다 쉬운 프로그래밍》《컴맹도 쉽게 배우는 C언어 이야기》《뉴욕의 프로그래머》《프로그래머로 사는 법》
기 타	홈페이지 만들기, C 언어와 그래픽 배우기, 초등용 프로그래밍 실습

꼭 알아 두세요

컴퓨터 프로그램을 개발하는 이유는 이용자가 업무를 좀 더 편리하게 처리하도록 하기 위해서입니다. 또한 게임, 채팅 등을 즐기도록 하기 위해서인 경우도 많아요. 따라서 학생이 계속해서 변하는 컴퓨터 이용 환경에 관심을 기울이고 이용자인 사람의 마음을 헤아리는 능력을 키우도록 이끌어 주세요. 그리고 청소년 시기에 컴퓨터 기초 언어인 C 언어를 미리 공부할 수 있도록 도와주세요.

교사와 학부모를 위한 가이드
직업 체험 활동

홈페이지 만들기

홈페이지는 컴퓨터 제작 도구를 활용해 손쉽게 만들 수 있습니다. 우리 가족 홈페이지, 또는 개인 홈페이지를 직접 만들어 보면, HTML(웹 문서를 만드는 데 사용하는 기본적인 프로그래밍 언어)과 같은 기초적인 컴퓨터 언어를 자연스럽게 접하고 컴퓨터 사용 능력을 개발할 수 있습니다.

컴퓨터 관련 자격증 따기

컴퓨터는 지식도 중요하지만 실제로 다루는 것이 더 중요합니다. 워드프로세서, 엑셀, 파워포인트 등과 같은 실제 프로그램을 사용하면서 컴퓨터를 하나씩 이해해 나가야 합니다. 이러한 프로그램의 관련 자격증 시험은 나이에 제한이 없기 때문에 학생도 시험에 응시할 수 있어요.

순서도 그려 보기

컴퓨터 프로그래밍은 수많은 순서도로 이루어져 있습니다. 평소에 학습을 하거나 일상적으로 벌어지는 일을 순서도를 그려 가며 이해하면 논리적 사고력을 키우는 데에 도움이 됩니다.

추천 사이트

한국인터넷진흥원   http://www.kisa.or.kr

서울교육대학교 구덕희 교수 초등컴퓨터교육론 원격강의
http://dhk.snue.ac.kr/abc/ce

한국정보화진흥원 정보올림피아드
https://www.digitalculture.or.kr:446/sub06/InfoOlympiad.do

정올 정보올림피아드&알고리즘   http://www.jungol.co.kr

돌발퀴즈 정답

기자

23쪽_ 기자 28쪽_ 기사
33쪽_ ❷번 35쪽_ ❷번
37쪽_ ❸번
38쪽(직업 사전)_ 기자, 기사, 책임, 관찰력, 사회

컴퓨터 프로그래머

51쪽_ 컴퓨터 프로그래머 55쪽_ 코딩
61쪽_ ❷번 63쪽_ ❶번
65쪽_ ❷번
66쪽(직업 사전)_ 컴퓨터 프로그래머, 코딩, 체력, 수리력, 수학

사진 자료

연합뉴스 19p(정치인을 취재하는 기자들), 19p(우리나라 사건을 취재하는 CNN 기자들), 23p(아시안 게임 개막식을 앞두고 기사를 작성하는 기자들), 29p(현장을 취재하는 사회부의 취재 기자와 촬영 기자), 47p(대학생 컴퓨터 프로그래밍 경시 대회), 51p('테트리스 게임을 개발한 알렉세이 파지노프), 56p(임베디드 프로그래머)

플리커(US Mission Geneva) 19p(취재하기 위해 모인 국내외 기자들)

플리커(World Economic Forum) 47p(개인용 컴퓨터의 시대를 여는 데 이바지한 빌 게이츠)

위키백과(GuitarFreak) 47p(컴퓨터의 두뇌에 해당하는 중앙 처리 장치)